Nossa Senhora da Salete

Aparecida Matilde Alves

Nossa Senhora da Salete

História e novena

Paulinas

Editora responsável: *Maria Goretti de Oliveira*
Equipe editorial

1ª edição – 2012
4ª reimpressão – 2025

Nenhuma parte desta obra poderá ser reproduzida ou transmitida por qualquer forma e/ou quaisquer meios (eletrônico ou mecânico, incluindo fotocópia e gravação) ou arquivada em qualquer sistema ou banco de dados sem permissão escrita da Editora. Direitos reservados.

Cadastre-se e receba nossas informações
paulinas.com.br
Telemarketing e SAC: 0800-7010081

Paulinas

Rua Dona Inácia Uchoa, 62
04110-020 – São Paulo – SP (Brasil)
📞 (11) 2125-3500
✉ editora@paulinas.com.br
© Pia Sociedade Filhas de São Paulo – São Paulo, 2012

Introdução

História

Mãe do Filho Unigênito de Deus – Jesus Cristo – e de todos os homens e mulheres de todos os tempos, Maria Santíssima, na Igreja, não se cansa de acompanhar seus filhos e filhas na caminhada para a eternidade. Mostra-nos, solícita, a vontade do Pai e o amor de seu Filho, que deu a vida para nossa salvação e nos quer todos salvos e santos. É por isso que, em momentos necessários e oportunos, Nossa Senhora manifesta-se de maneira extraordinária a uma ou a mais pessoas, confiando-lhes os convites de Jesus para que a humanidade retorne e renove sempre seu empenho de fidelidade ao amor de Deus e a seus mandamentos. Ela está sempre a nos lembrar da Palavra de Deus, que traça o nosso caminho para a eternidade: "Volta, Israel, para o Senhor teu Deus, porque estavas caído em teu pecado" (Os 14,2).

Foi assim que, em 19 de setembro de 1846, Maria se manifestou de maneira muito singela e determinada a Maximino Giraud e Mélanie Calvat, respectivamente de 11 e 15 anos, pastores de um rebanho que pastava nas montanhas dos Alpes franceses, em La Salette, na França.

Era por volta das três horas da tarde quando os dois pastorzinhos, descendo a montanha, viram, numa luz resplandecente, uma bela mulher vestida estranhamente, falando alternadamente em francês e num dialeto da região. Ela estava sentada sobre uma pedra e, segundo narram as crianças, a *Bela Senhora*, como a chamavam, alta e cheia de luz, estava triste e chorando. Quando se aproximaram da aparição, ela pôs-se de pé e disse: "Vinde, meus filhos, não tenhais medo; estou aqui para vos contar uma grande novidade!". E continuou: "Se meu povo não se converter, sou forçada a deixar cair o braço de meu Filho. É tão forte e tão pesado que não o posso mais sustentar erguido... Se se converterem, as pedras e os rochedos se transformarão em montões de trigo e as batatinhas serão semeadas nos roçados...". E concluiu: "Pois bem, meus filhos, transmiti isso a meu povo".

Muitos outros pedidos, previsões e profecias fez a Mãe de Deus nas suas aparições a Mélanie e Maximino, ora juntos, ora separados. E assim eles foram revelando aos poucos às autoridades eclesiásticas da região, inclusive, sobre o estabelecimento de uma congregação religiosa de padres, irmãos e irmãs, para a qual a Senhora ditou também as Regras que deviam seguir em sua vida de espiritualidade e missão, e que mais tarde se concretizou na fundação de diversas congregações inspiradas em La Salette; entre elas, os Missionários e as

Irmãs de Nossa Senhora da Salete, que se dedicam a propagar a mensagem da reconciliação.

Nossa Senhora da Salete é invocada como a *Reconciliadora dos pecadores* e sua festa é celebrada no dia 19 de setembro, data que lembra sua primeira aparição. Sua mensagem, bastante longa e precisa, pode ser resumida nestas simples palavras: "Se vocês não buscarem o céu, perderão também a terra".

PRIMEIRO DIA

Em nome do Pai, do Filho e do Espírito Santo. Amém.

Nós vos oferecemos, ó Pai, esta nossa oração, agradecendo-vos porque nos destes Maria como Mãe e nossa intercessora amantíssima.

Palavra de Deus

"Eis por que lhes falo em parábolas: para que vendo, não vejam, e ouvindo, não ouçam nem compreendam" (Mt 13,13).

Fato

Mélanie estava descendo a montanha. De repente para e diz a Maximino: "Maximino, olha lá, aquele clarão!". Mélanie aponta para o fundo do vale onde haviam estado há pouco, para o almoço e um breve descanso.

Reflexão

Antes de falar, a Senhora se comunica por sinais. Maria, Mãe de Jesus e Mãe nossa, irradia a luz da ressurreição. O brilho de seu rosto é tal que Maximino é incapaz de olhar para Ela o tempo todo, e Mélanie se deslumbra com sua presença. Suas vestes, como as de Cristo na montanha da Transfiguração, resplandecem de luz. A luz provém do grande Crucifixo que a Senhora tem sobre o peito. Maria continua cumprindo a missão que recebeu ao pé da Cruz: tomar o sofrimento e a dor por nós, para nos dar vida na fé.

Oração

Virgem da Salete, Serva do Senhor, ensinai-nos a fazer de nossa vida uma oferenda agradável a Deus. Que nossa vida seja uma oração, e que nossa oração seja fonte de vida. Mantende-nos junto a Vós, no coração da Igreja, dispostos a partilhar das lutas e dos sofrimentos das pessoas de nosso tempo para que surja um mundo novo. Nossa Senhora da Salete, Reconciliadora dos pecadores, rogai por nós.

SEGUNDO DIA

Em nome do Pai, do Filho e do Espírito Santo. Amém.

Nós vos oferecemos, ó Pai, esta nossa oração, pela conversão dos pecadores.

Palavra de Deus

"Julguei não dever saber coisa alguma entre vós, senão Jesus Cristo, e Jesus Cristo crucificado" (1Cor 2,2).

Fato

O clarão se mexia e se agitava, como que se dividindo ao meio. "Oh, meu Deus!", exclamou Mélanie, deixando cair o cajado. Algo fantasticamente inconcebível a inundava nesse momento e a atraía, com profundo respeito, cheia de amor e o coração batendo mais rapidamente. Viram, então, uma Senhora sentada em uma enorme pedra. Tinha o rosto entre as mãos e chorava amargamente.

Reflexão

A Constituição *Gaudium et Spes* do Concílio Vaticano II nos diz: "O homem está dividido dentro de si mesmo. Por isso toda vida humana, individual ou coletiva, se nos apresenta como uma luta dramática, entre o mal e o bem, entre as trevas e a luz. Mas o homem ainda se encontra incapacitado para resistir eficazmente por si mesmo aos ataques do mal, até sentir-se como acorrentado" (n. 13).

Oração

Lembrai-vos, Nossa Senhora da Salete, de vossos sofrimentos por nós, no Calvário, unida à Paixão de vosso Filho. Não cesseis de interceder por nós, junto a vosso Filho: que Ele não nos abandone em nosso pecado e indiferença; que rompa as correntes de nossas injustiças; fortaleça nossos corações e nos ensine a reconhecer seu Rosto sofredor em cada um de nossos irmãos doentes, marginalizados ou oprimidos. Nossa Senhora da Salete, Reconciliadora dos pecadores, rogai por nós.

TERCEIRO DIA

Em nome do Pai, do Filho e do Espírito Santo. Amém.

Nós vos oferecemos, ó Pai, esta nossa oração, pela recuperação das pessoas – jovens e adultos – entregues ao mundo do vício.

Palavra de Deus

Jesus viu a mãe e, ao lado dela, o discípulo que ele amava. Então disse à mãe: "Mulher, eis aí o teu filho". Depois disse ao discípulo: "Eis aí a tua mãe". E dessa hora em diante o discípulo a acolheu em sua casa (Jo 19,26).

Fato

Nossa Senhora especifica duas rejeições do povo. "As duas coisas que fazem o braço de seu Filho tão pesado" são: a não observância do Dia do Senhor e o desrespeito ao Nome de seu Filho.

Reflexão

A não observância do Dia do Senhor nos recorda os primeiros livros da Bíblia, onde a Lei de Deus nos manda santificar o sábado, e também os cristãos que, desde o início, celebram o domingo como dia da Ressurreição de Jesus. A Virgem vem recordar-nos, também, que santo é o Nome de Jesus, porque "não há debaixo do céu outro nome dado aos homens pelo qual devamos ser salvos" (At 4,12).

Oração

Mãe de Cristo, santa Virgem da Salete, ensinai-nos a depositar nossa confiança no Nome de Jesus, "o único nome pelo qual podemos ser salvos" (At 4,12). Invocai sobre nós o Nome de vosso Filho.

E que brilhe sobre nós o Dia do Senhor, que ele dê sentido a nosso trabalho e à nossa solidariedade, a fim de que, em Jesus Cristo, rendamos graças a Deus que quer a salvação de todos. Nossa Senhora da Salete, Reconciliadora dos pecadores, rogai por nós.

QUARTO DIA

Em nome do Pai, do Filho e do Espírito Santo. Amém.

Nós vos oferecemos, ó Pai, esta nossa oração, pelas necessidades de nossas famílias.

Palavra de Deus

"O Reino de Deus está próximo: convertei-vos e crede no Evangelho" (Mc 1,15). "Não vos preocupeis, buscai primeiro o Reino de Deus e sua justiça" (Mt 6,33).

Fato

Na manhã seguinte, Mélanie e Maximino foram levados ao pároco, um sacerdote de idade avançada, muito generoso e respeitado. Ao interrogar os dois, ouviu todo o relato, diante do qual ficou muito surpreso e realmente considerou que diziam a verdade. Na missa do domingo seguinte, falou da visita da Senhora e seu pedido.

Reflexão

"Neste lugar, Maria, a mãe sempre amorosa, mostrou sua dor pelo mal moral causado pela humanidade. Suas lágrimas nos ajudam a entender a gravidade do pecado e a rejeição a Deus, enquanto manifestam ao mesmo tempo a apaixonada fidelidade que seu Filho mantém com relação a cada pessoa, embora seu amor redentor esteja marcado com as feridas da traição e do abandono dos homens" (Bem-aventurado João Paulo II).

Oração

Virgem fiel, que quereis nos restituir nossa dignidade de pessoas livres e de filhos de Deus, ensinai-nos também os caminhos da reconciliação com nossos irmãos. E que a santidade de nossa vida e o amor testemunhado a todos manifestem ao mundo a ternura de Deus, revelada em Jesus, o Cristo, Nosso Senhor. Nossa Senhora da Salete, Reconciliadora dos pecadores, rogai por nós.

QUINTO DIA

Em nome do Pai, do Filho e do Espírito Santo. Amém.

Nós vos oferecemos, ó Pai, esta nossa oração, pelo Papa, pelos Bispos e por todos os sacerdotes de nossa Igreja.

Palavra de Deus

"Qual Deus existe, como tu, Senhor, que apagas a iniquidade e esqueces os pecados daqueles que são teu povo? Tu não guardas rancor para sempre e amas a misericórdia" (Mq 7,18).

Fato

Durante a aparição de 19 de setembro de 1846, Nossa Senhora ditou a Mélanie, palavra por palavra, uma regra para que se fundasse uma ordem religiosa. A finalidade dessa nova ordem religiosa é a de trabalhar mais eficazmente na santificação do clero, na conversão dos pecadores, e a de propagar o Reino de Deus na terra inteira.

Reflexão

Ser discípulo de Jesus é ser semente da libertação do mundo; promover a vida, dom gratuito de Deus, na solidariedade e na fraternidade. Seguir Jesus é ser portador da misericórdia divina e dar vida a todos; é viver o amor fraterno, revelando a presença de Deus no mundo.

Oração

Virgem da Salete, não permitais que se percam as sementes do bem que germinam no coração da Igreja. Mãe de Misericórdia, atraí sempre mais para vosso Filho Ressuscitado os sacerdotes e as pessoas consagradas. Fazei-os viver de seu Espírito, para a glória do Pai e a felicidade de todos. Multiplicai as vocações sacerdotais, religiosas e missionárias. Nossa Senhora da Salete, Reconciliadora dos pecadores, rogai por nós.

SEXTO DIA

Em nome do Pai, do Filho e do Espírito Santo. Amém.

Nós vos oferecemos, ó Pai, esta nossa oração, por todas as pessoas doentes.

Palavra de Deus

"O Senhor Deus de seus pais dirigia--lhes frequentemente a palavra por meio de seus mensageiros, admoestando-os com solicitude todos os dias, porque tinha compaixão do seu povo" (cf. 2Cr 36,14-16).

Fato

Em 7 de julho de 1847, o bispo de Grenoble pediu aos padres Pierre Rousselot e André Berthier – ambos professores no Seminário Maior da cidade – que conduzissem uma investigação aprofundada da aparição e escrevessem um relatório completo sobre o fato. Este relatório foi concluído em 15 de outubro de 1847. Em novembro desse mesmo ano, o bispo apresentou o relatório a uma comissão de inquérito, que o aprovou.

Reflexão

O tema central das mensagens da Virgem para a humanidade, em La Salette, foi que deveriam livrar-se do pecado e fazer penitência. O cumprimento das previsões foi visto como prova da veracidade da aparição. Muitas pessoas foram curadas de suas enfermidades – inclusive algumas as tinham há cerca de vinte anos –, ao fazerem a novena da Salete ou ao tomar água da fonte que nasceu onde Nossa Senhora aparecera aos pastorzinhos.

Oração

Virgem da Salete, abri nossos olhos para a infelicidade de nossos irmãos. Abri nossos corações para que, trabalhando neste mundo que passa, se apeguem àquilo que não passa. Abri nossas mãos para partilhar com os mais pobres. Que através de nós vosso Filho continue a alimentar e curar, a amar e perdoar, e a construir um mundo conforme o coração do Pai. Nossa Senhora da Salete, Reconciliadora dos pecadores, rogai por nós.

SÉTIMO DIA

Em nome do Pai, do Filho e do Espírito Santo. Amém.

Nós vos oferecemos, ó Pai, esta nossa oração, em reparação de todos os pecados cometidos no mundo por causa dos meios de comunicação social.

Palavra de Deus

"Quem age conforme a verdade, aproxima-se da luz, para que se manifeste que suas ações são realizadas em Deus" (Jo 3,21).

Fato

O crucifixo usado pela Virgem Maria tem características especiais: um martelo e uma torquês ou alicate. O martelo simboliza o pecador que crava Jesus na cruz pelos seus pecados e o alicate representa aqueles que tentam remover os pregos da cruz pelas suas vidas virtuosas e pela fidelidade a Jesus.

Reflexão

Ao oprimido pelo pecado, Jesus diz: "Levanta-te, toma teu leito e vai para casa!" (Mc 2,11). Reconhecemos nele o Deus que perdoa, que nos levanta e nos põe a andar. Caminhemos no seguimento do Cristo. "Eu sou o Caminho, a Verdade e a Vida" (Jo 14,6). Caminho a seguir. Verdade a descobrir. Vida a ser partilhada. A Vida que pode fazer germinar o deserto de nossos corações e de nosso mundo, em colheitas superabundantes, se nos deixarmos converter!

Oração

Que nossa incessante oração, ó Virgem Reconciliadora, nos obtenha, de vosso Filho, o perdão de nossos pecados. Que vossas lágrimas de Mãe transformem em coração de carne nosso coração de pedra. Que vossa inabalável fidelidade sustente a nossa fé vacilante e nos faça voltar constantemente àquele que é nosso único Salvador, vosso Filho e Senhor. Nossa Senhora da Salete, Reconciliadora dos pecadores, rogai por nós.

OITAVO DIA

Em nome do Pai, do Filho e do Espírito Santo. Amém.

Nós vos oferecemos, ó Pai, esta nossa oração, por todas as crianças e jovens que buscam, mas nem sempre por caminhos certos, o rosto do Deus verdadeiro.

Palavra de Deus

"Não façais da casa de meu Pai um mercado... O zelo por tua casa me há de devorar" (Jo 2,16-17).

Fato

A Basílica de Nossa Senhora da Salete, na França, foi iniciada em 1852, concluída em 1865 e designada basílica em 1879. É uma grande igreja, quase austera, com uma fachada ladeada por duas torres. No interior da basílica, a nave é delimitada por duas fileiras de colunas bizantinas. Possui três medalhões representando as fases da aparição, os prantos, a mensagem e a partida.

Reflexão

A presença de Deus entre homens e mulheres não se dá apenas nas igrejas e capelas, mas, sobretudo, em Jesus e em todas aquelas pessoas que fazem a vontade de Deus, no serviço ao mais necessitado e na partilha dos bens espirituais e materiais, feita com amor e misericórdia. Quando agimos com caridade e bondade para com nosso irmão, especialmente os mais necessitados, tornamo-nos morada de Deus.

Oração

Ó Mãe, atendei a todos os abandonados, despertai-nos para a ternura. Renovai nossa confiança no Pai. Fazei-nos partilhar de seus cuidados em salvar seus filhos de todas as fomes do corpo, do coração e do espírito. Dai-nos fome do Pão da Vida, Jesus, vosso Filho, nosso Senhor. Nossa Senhora da Salete, Reconciliadora dos pecadores, rogai por nós.

NONO DIA

Em nome do Pai, do Filho e do Espírito Santo. Amém.

Nós vos oferecemos, ó Pai, esta nossa oração, por todas aquelas pessoas que se recomendaram à nossa oração.

Palavra de Deus

"Amar a Deus de todo o coração, de toda a mente e com toda a força, e amar o próximo como a si mesmo, é melhor do que todos os holocaustos e sacrifícios" (Mc 12,33).

Fato

A Virgem finalizou seus encontros com Mélanie e Maximino, dizendo: "Pois bem, meus filhos, transmiti isto a todo o meu povo".

Reflexão

Depois de nos relembrar que vivemos diante de Deus – um Deus que ama e salva, que nos conhece mais do que a nós mesmos –, Maria nos relembra também qual é a nossa missão: levar ao mundo a Boa-Nova de Jesus Cristo. A dimensão missionária é essencial para todo cristão, e Nossa Senhora no-lo recorda. Cristo nosso Senhor veio criar novas condições de vida reconciliada com Deus e com o próximo. Devemos dedicar nossa existência a realizar a reconciliação, que é a força viva capaz de abrir o futuro a todas as pessoas, renovando assim os laços cortados ou debilitados pelo egoísmo e pelos temores.

Oração

Lembrai-vos, ó Nossa Senhora da Salete, das lágrimas que derramastes por nós, no Calvário. Lembrai-vos também dos cuidados que, sem cessar, tendes por vosso povo, a fim de que, em nome de Cristo, se deixe reconciliar com Deus. Reconfortados por vossa ternura, ó Mãe, eis-nos aqui, suplicantes, apesar de nossa infidelidade e ingratidão. Não rejeiteis nossa oração, ó Virgem Reconciliadora, mas volvei nosso coração para vosso Filho. Alcançai-nos a graça de amar a Jesus acima de tudo e de vos confortar com uma vida de doação, para a glória de Deus e o amor de nossos irmãos. Nossa Senhora da Salete, Reconciliadora dos pecadores, rogai por nós.

NOSSAS DEVOÇÕES
(Origem das novenas)

De onde vem a prática católica das novenas? Entre outras, podemos dar duas respostas: uma histórica, outra alegórica.

Historicamente, na Bíblia, no início do livro dos Atos dos Apóstolos, lê-se que, passados quarenta dias de sua morte na Cruz e de sua ressurreição, Jesus subiu aos céus, prometendo aos discípulos que enviaria o Espírito Santo, que lhes foi comunicado no dia de Pentecostes.

Entre a ascensão de Jesus ao céu e a descida do Espírito Santo, passaram-se nove dias. A comunidade cristã ficou reunida em torno de Maria, de algumas mulheres e dos apóstolos. Foi a primeira novena cristã. Hoje, ainda a repetimos todos os anos, orando, de modo especial, pela unidade dos cristãos. É o padrão de todas as outras novenas.

A novena é uma série de nove dias seguidos em que louvamos a Deus por suas maravilhas, em particular, pelos santos, por cuja intercessão nos são distribuídos tantos dons.

Alegoricamente, a novena é antes de tudo um ato de louvor ao Pai, ao Filho e ao Espírito Santo, Deus três vezes Santo. Três é número perfeito. Três vezes três, nove. A novena é louvor perfeito à Trindade. A prática de nove dias de oração, louvor e súplica confirma de maneira extraordinária nossa fé em Deus que nos salva, por intermédio de Jesus, de Maria e dos santos.

O Concílio Vaticano II afirma: "Assim como a comunhão cristã entre os que caminham na terra nos aproxima mais de Cristo, também o convívio com os santos nos une a Cristo, fonte e cabeça de que provêm todas as graças e a própria vida do povo de Deus" (*Lumen Gentium*, 50).

Nossas Devoções procura alimentar o convívio com Jesus, Maria e os santos, para nos tornarmos cada dia mais próximos de Cristo, que nos enriquece com os dons do Espírito e com todas as graças de que necessitamos.

Francisco Catão

Coleção Nossas Devoções

- *Dulce dos Pobres: novena e biografia* – Marina Mendonça
- *Francisco de Paula Victor: história e novena* – Aparecida Matilde Alves
- *Frei Galvão: novena e história* – Pe. Paulo Saraiva
- *Imaculada Conceição* – Francisco Catão
- *Jesus, Senhor da vida: dezoito orações de cura* – Francisco Catão
- *João Paulo II: novena, história e orações* – Aparecida Matilde Alves
- *João XXIII: biografia e novena* – Marina Mendonça
- *Maria, Mãe de Jesus e Mãe da Humanidade: novena e coroação de Nossa Senhora* – Aparecida Matilde Alves
- *Menino Jesus de Praga: história e novena* – Giovanni Marques Santos
- *Nhá Chica: Bem-aventurada Francisca de Paula de Jesus* – Aparecida Matilde Alves
- *Nossa Senhora Aparecida: história e novena* – Maria Belém
- *Nossa Senhora da Cabeça: história e novena* – Mario Basacchi
- *Nossa Senhora da Luz: novena e história* – Maria Belém
- *Nossa Senhora da Penha: novena e história* – Maria Belém
- *Nossa Senhora da Salete: história e novena* – Aparecida Matilde Alves
- *Nossa Senhora das Graças ou Medalha Milagrosa: novena e origem da devoção* – Mario Basacchi
- *Nossa Senhora de Caravaggio: história e novena* – Leomar A. Brustolin e Volmir Comparin
- *Nossa Senhora de Fátima: novena* – Tarcila Tommasi
- *Nossa Senhora de Guadalupe: novena e história das aparições a São Juan Diego* – Maria Belém
- *Nossa Senhora de Nazaré: novena e história* – Maria Belém
- *Nossa Senhora Desatadora dos Nós: história e novena* – Frei Zeca
- *Nossa Senhora do Bom Parto: novena e reflexões bíblicas* – Mario Basacchi
- *Nossa Senhora do Carmo: novena e história* – Maria Belém
- *Nossa Senhora do Desterro: história e novena* – Celina Helena Weschenfelder
- *Nossa Senhora do Perpétuo Socorro: história e novena* – Mario Basacchi
- *Nossa Senhora Rainha da Paz: história e novena* – Celina Helena Weschenfelder
- *Novena à Divina Misericórdia* – Tarcila Tommasi

- *Novena das Rosas: história e novena de Santa Teresinha do Menino Jesus* – Aparecida Matilde Alves
- *Novena em honra ao Senhor Bom Jesus* – José Ricardo Zonta
- *Ofício da Imaculada Conceição: orações, hinos e reflexões* – Cristóvão Dworak
- *Orações do cristão: preces diárias* – Celina Helena Weschenfelder
- *Os Anjos de Deus: novena* – Francisco Catão
- *Padre Pio: novena e história* – Maria Belém
- *Paulo, homem de Deus: novena de São Paulo Apóstolo* – Francisco Catão
- *Reunidos pela força do Espírito Santo: novena de Pentecostes* – Tarcila Tommasi
- *Rosário dos enfermos* – Aparecida Matilde Alves
- *Rosário por uma transformação espiritual e psicológica* – Gustavo E. Jamut
- *Sagrada Face: história, novena e devocionário* – Giovanni Marques Santos
- *Sagrada Família: novena* – Pe. Paulo Saraiva
- *Sant'Ana: novena e história* – Maria Belém
- *Santa Cecília: novena e história* – Frei Zeca
- *Santa Edwiges: novena e biografia* – J. Alves
- *Santa Filomena: história e novena* – Mario Basacchi
- *Santa Gemma Galgani: história e novena* – José Ricardo Zonta
- *Santa Joana d'Arc: novena e biografia* – Francisco de Castro
- *Santa Luzia: novena e biografia* – J. Alves
- *Santa Maria Goretti: história e novena* – José Ricardo Zonta
- *Santa Paulina: novena e biografia* – J. Alves
- *Santa Rita de Cássia: novena e biografia* – J. Alves
- *Santa Teresa de Calcutá: biografia e novena* – Celina Helena Weschenfelder
- *Santa Teresinha do Menino: novena e biografia* – Jesus Mario Basacchi
- *Santo Afonso de Ligório: novena e biografia* – Mario Basacchi
- *Santo Antônio: novena, trezena e responsório* – Mario Basacchi
- *Santo Expedito: novena e dados biográficos* – Francisco Catão
- *Santo Onofre: história e novena* – Tarcila Tommasi
- *São Benedito: novena e biografia* – J. Alves

- *São Bento: história e novena* – Francisco Catão
- *São Brás: história e novena* – Celina Helena Weschenfelder
- *São Cosme e São Damião: biografia e novena* – Mario Basacchi
- *São Cristóvão: história e novena* – Mário José Neto
- *São Francisco de Assis: novena e biografia* – Mario Basacchi
- *São Francisco Xavier: novena e biografia* – Gabriel Guarnieri
- *São Geraldo Majela: novena e biografia* – J. Alves
- *São Guido Maria Conforti: novena e biografia* – Gabriel Guarnieri
- *São José: história e novena* – Aparecida Matilde Alves
- *São Judas Tadeu: história e novena* – Maria Belém
- *São Marcelino Champagnat: novena e biografia* – Ir. Egídio Luiz Setti
- *São Miguel Arcanjo: novena* – Francisco Catão
- *São Pedro, Apóstolo: novena e biografia* – Maria Belém
- *São Peregrino Laziosi* – Tarcila Tommasi
- *São Roque: novena e biografia* – Roseane Gomes Barbosa
- *São Sebastião: novena e biografia* – Mario Basacchi
- *São Tarcísio: novena e biografia* – Frei Zeca
- *São Vito, mártir: história e novena* – Mario Basacchi
- *Senhora da Piedade: setenário das dores de Maria* – Aparecida Matilde Alves
- *Tiago Alberione: novena e biografia* – Maria Belém